书啊书
藏书票创作集

李小光 著

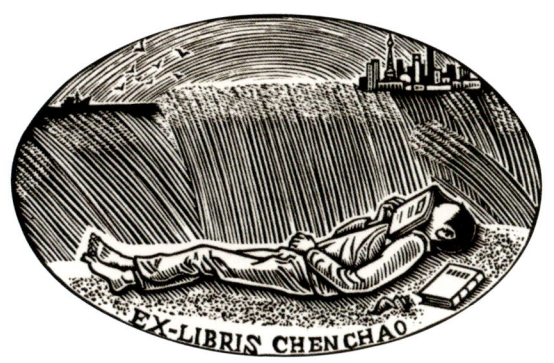

EX—LIBRIS

上海书画出版社

书影叠现的投影

黄显功
上海图书馆研究馆员
中国美术家协会藏书票研究会副会长

2015年1月，我在上海宣传系统职工读书节闭幕式上，仅以李小光的十张藏书票制作PPT，做了一次关于读书的演讲。也许是别出心裁，人们对投影中的画面所表达的内容望之会心、思之共鸣，对此表现出浓厚的兴趣，具有特殊的现场效果。此举是我第一次向书友们推荐李小光的藏书票作品。

如今，当我面对小光的百余张藏书票，仍有依稀是当年的感觉，这些藏书票也如同是一个书影叠现的PPT投影于我的心间，但其数量更多，内容更加丰富了。它不仅展示了小光的藏书票创作成果，也唤醒了我们曾经的阅读记忆。作品中的不少场景，正是我们以往岁月中的亲历记，其中还有我们心中追求的梦境。这些作品既是作者小光的艺术创作告白，也是作为观者的我被其艺术感染的心灵镜像。因为我们都崇尚图书和阅读，这些纯色的黑白藏书票中蕴藏着我们爱书、读书、藏书的多彩世界。

小光是以插图为本位涉猎藏书票创作的艺术家，他的插图作品具有很强的图像叙事能力，曾以娴熟的木刻与铜版画技法，创作出版了《夏天的故事》《1984—1989闪耀·燃烧：海子·诗》等插图作品集，并多次获得国内大奖。2008年，他首次进行藏书票创作时，其作品即成功入选第32届国际藏书票展，由此开启了他版画创作的新领域。他的藏书票创作成果同样令人瞩目，屡获全国藏书票金奖、银奖。

李小光的藏书票最早进入我视野的是一批与阅读相关的作品，令我关注的原因是作品的画面映射了自己的生存状态，工作时为书行役，生活中拥书自乐，常年的所作所为与所见所闻涉及了与书相关的多个方面，所以，小光的藏书票自然地让我产生亲近感。众多同好者对小光的赞赏，也是因为他的作品在很大程度上反映了爱书人的共同趣味，可从中发现自我，找到了自己曾经的某种心理共鸣。

　　小光藏书票作品的这种艺术魅力串联着我们的生活体验，我们以往日子里与书相随的喜怒哀乐，在拨开岁月的尘封时，均能在此与之对话。《理》发时的低头专注，《租》到热门书的喜悦，《卖》书后的惋惜，厨房读《谱》时尝到的五味，水《淹》时盼天晴的期待……浮现出了年轻时经历的一幕幕场景。还有成年后的一次次在文庙逛书《摊》，在路边围《车》买书，以及大学毕业时、迁居和从办公室向书房一箱箱《搬》《迁》图书的甘苦，至今回味无穷。特别是看到除了《朝》和《雪夜》的正襟而读外，《蝶》《暖》《岸》《书痴》和《子安》中的阅读姿态不正是自己独处时常有的吗！这些作品的画面恰如你我的自画像，生动而写实地反映了读书人的生活以及对阅读的象征意义的思考。

　　小光不是以藏书票创作为专业的艺术家，通常情况下，藏书票创作只是作为木刻艺术语言的一种练习，或者是在潜心创作系列版画插图过程中的一种身心调节。十多年来，藏书票的数量虽然只有一百多张，但他的插图艺术实践使他对作品的创作对象具有深刻的阐释能力与视觉表达形式，其自然朴素的刀法在方寸间展现出高超的技艺，作品具有很高的辨识性，深受收藏者喜爱。所以，他的藏书票作品除自己主动创作外，有一些是慕名的定制作品。

　　我们知道藏书票创作具有双向视域的特点。一是票主心目中的藏书票，对自己名下的专用藏书标志有种种预设的期待，或多或少地向艺术家提出自己想要的画面。另一方作为创作者的艺术家也有自己的艺术见解、创作习惯和对票主的理解，并非能完全表达出票主的要求。从票主的"想象性创作"到艺术家的"实践性创作"，其视域的焦点往往有偏离。如何创作出令票主和作者均满意的藏书票，更需要艺术家深入思考与创造性思维，既显示自己的艺术能力，又能满足或接近票主的主观要求，这正是双向视域下的创作难点。所以，我一直认为藏书票作品虽小，其创作难度不容小觑。如为网名为山阴道上的出版人设计书票时，根据票主生肖属兔的特征，以连绵的书籍组成山间小道，一只兔子在欢快地奔跑，阅尽草木繁花、山水美景，象征性地表达了一位书画出版人与爱好者的工作与研究，正似如行山阴道上，名家书画，珍籍秘帖，经眼无数，美不胜收。正如唐·罗伯特在美国著名插图与藏书票艺术家肯特传记中写道：肯特设计的藏书票表现了"作者和票主二人对书籍的执着热爱"，在作者的手下，"藏书票成为一门可以互通、产生共鸣的艺术。"（［美］唐·罗伯特《肯特传：肯特与他的藏书票艺术》，黄艳译，子安校译，金城出版社2014年，第8页）对于小光的作品，我深以为然。

我的藏书票创作

李小光

如何向一位不了解藏书票的朋友介绍藏书票？2021年年初，我在一家书店的展览空间举办了一场题为"书啊书"的小型藏书票展览，在展览的微信推送里我写了这样几句话："藏书票因书而生，此次展览挑选的书票在题材内容上也多与书籍和阅读有关，在云书坊与朋友们见面很适合。藏书票起源于15世纪欧洲，是一种微型版画，是一种藏书标识，票面通常会包含拉丁字母'EX-LIBRIS'与票主的姓名，意为某人的藏书。它通常被贴在书籍的前环衬或扉页。藏书票逐渐成为一种创作、交流与收藏的艺术品。"这其实也是我个人对藏书票的基本理解。

印象中最早接触藏书票应该是在读大学期间。记得那是系里已经退休的高作人先生制作的一张书票，当时压在一个老师的办公桌玻璃板下。高先生早年毕业于中央美术学院版画系。记得那张藏书票画面是一只骆驼，小巧但很精致。再次接触藏书票则到了我在中央美术学院版画系读研时。那时，我的关注点在铜版画和插图的创作上，学校和系里几乎都没有涉及藏书票的教学和活动。后来在学校的图书馆偶然翻到了一本杂志，上面介绍了某届全国藏书票展的获奖作品，尽管图例很小，但我还是被作者于方寸之间所展现的精湛的技法和巧妙的构思所吸引。当时，我还复印了一份留作资料。除此以外，在翻阅国外原版画册时，也会零星看到一些国外版画家的藏书票作品。自己也主动找了一些介绍藏书票的书籍做进一步了解，记得最早看的是吴兴文先生的藏书票研究书籍。其实，我就读的中央美

《瓶》　木刻　10cm×10cm　2008

《莲》　木刻　8.6cm×13.3cm　2008

术学院版画系在国内藏书票发展史上占有非常重要的地位，许多老先生当年在版画创作的同时，都创作过藏书票，对中国藏书票创作的推广发展做出过开创性的贡献。前些日子，看到陈雅丹老师写的回忆文章，有过详尽的记述。

2008年，在北京世纪坛举办了第三十二届国际藏书票展。这个展览让我对国外当代的藏书票创作面貌有了一个比较直观的初步认识，为我的藏书票创作视野打开了一扇窗。那时我正在读研二，也尝试着创作了几张木刻藏书票，其中《网》（见第3页）还入选了展览。这算是我第一次较为正式的藏书票创作，不过当时只是把藏书票当成一种简单的小版画形式，并将其作为木刻的技法语言练习来看待。

2011年，我开始小型黑白木刻的创作，也是从那时开始，间或刻了一些藏书票。开始的几张就是想借用这样一种微型版画的形式做一点调侃和书籍与阅读有关的内容。其中《载》（见第6页）的构思源于我多年以前的经历。大约读初中的时候，周末常和弟弟一起去父亲工作的单位帮着处理包装纸箱，骑着三轮车把纸箱运到附近的回收造纸厂出售，换些零花钱。造纸厂除了回收纸箱也回收旧书和旧报纸杂志。去往造纸厂的公路上经常会遇到运输旧书、报刊的货车。旧书一般已经提前被挤压捆绑成了一米见方的大块，像小山一样在货车里堆得满满的。货车呼啸而过，道路颠簸不平，旧书块会松动，常从车上零星掉落。而车上的货物作为书籍的命运很快就要结束，化为造纸厂的纸浆，也算是一种"重生"吧！往造纸厂运送旧书的画面给了我很深的印象。在这张书票中，我把卡车换成了手扶拖拉机，是觉得造型更加怀旧有趣。后面掉落的书籍也是不能少的，这一车书应该不只是"汗牛充栋"吧！驾驶员戴着一顶鸭舌帽，自信悠闲。有朋友看到后建议说，如果驾驶员再叼一个烟斗就更有意思了。

"有意思"也是我后来的藏书票创作中想要着力体现的。这可能关乎幽默、细节、生活、生动等不同层次的诸多方面。我的导师高荣生先生在工作室的插图教学中有一门语言转换的课程，探讨如何将文学语言转换为视觉语言，这门侧重于思维训练的课程让我受益匪浅。在围绕某一主题构思一张作品的时候，我不愿将其简单化平铺直叙地表达出来，而是思考各种可能性，以一种相对含蓄的方式进行表现。尝试用巧妙的方式将书与阅读这一主题转化为有意思的情节内容，强调平常之中的意味。

同时，我也愿意以一种幽默的方式来表现藏书票中的情节，使其能够带给大家视觉和心灵上的愉悦。希望这种幽默除了让人会心一笑外，还能引发读者对于书籍与阅读更多的思考。在表现情节的同时，我还会在画面中刻画一些具有时代感的细节信息，增加藏书票的内容信息含量，希望耐人品读。在作品《理》中，斑驳的墙面与涂鸦文字预示着某些东西即将逝去；《补书》中，有我感兴趣的孩子的天真以及缝鞋机的结构细节之美。《雪夜读书》（见第94页）的火炉、《爆》（见第19页）中的爆米花机都是儿时记忆的承载物。《拙斋藏书》（见第90页）中置身传统山水中的文人，应该是在空调房中用电脑写作才会更符合当下的情境。

在"书与阅读"这个大的主题之下，我也会在书票中探讨书与人的关系问题，或者说书对于我们究竟意味着什么。记得看过马格南图片社的一张照片，照片记录的是二战时，伦敦遭遇轰炸后的图书馆，在一排屹立不倒的书架前，有人依旧在专注地阅读。这似乎预示着文明终究会战胜野蛮，书籍在，人类的希望就在。作品《寂》便是受此启发创作的，也借此向那张伟大的摄影作品致敬。作品《卖》（见第8页）中手提旧书的人神情多少有些恍惚踌躇，也许在想：在这堆积如山的旧书中，哪些会被旧书商贩发现重新流通，流入到下一个主人手里；哪些又会流向造纸厂重新化为纸浆？人们常把书籍比作人类精神的食粮，《食》（见第9页）这张内容有些荒诞的作品想表达的是，假如精神食粮和物质粮食发生矛盾时我们面临的选择问题。最初我想将人物置于一个极端的环境中，也许是荒岛求生，后来的画面将元素简化掉了，留给读者想象

《理》 草图

《补书》 草图

《寂》 草图

《租》 草图

《录像厅》 草图

《雕》 草图

《唐唐之一》 草图

《唐唐之二》 草图

吧。我想书籍除了是人类文明传承的载体，有时会关乎希望与梦想。在作品《Dawn》（见第105页）中，书籍是文明之舟；《远》（见第26页）则是反思书本是否会成为我们思维的一种禁锢，有时需要放下书本才能奔向更自由的远方；《陈健读书》（见第61页）则调侃了纸书阅读的当代境况。

有关阅读的童年记忆是我藏书票创作内容的另一个来源。记得读小学时，家乡电影院门口的小广场上有一排租小人书的摊位。每次看电影去得早的话都会坐在长板凳上，花几分钱租些小人书看。那是我对阅读最初的深刻记忆。作品《租》就是记录那段童年时光。只是读书的小朋友不见了（还没放学？），出租小人书的老爷爷晒着暖暖的阳光，睡着了。《录像厅》是一位朋友定制的作品。这位朋友和我年龄相仿，成长中都曾经历录像厅繁盛的20世纪90年代，对当时的小孩子来说，录像厅是那时一个充满好奇的地方，并且是梦想与激情的所在。我把很大的精力用于描绘那个年代的独有的视觉质感，希望能唤起观者并不太遥远的年少记忆。

在我的书票创作中，有些书票的画面内容是我个人生活片段的记录。2012年，寒假在老家过年，家里北屋的窗台上，放着一盆我叫不上名字的花，翠绿的叶子透明鲜亮。于是我用随身带的一小块梨木板对着窗口刻下了这张手心大的小木刻《窗》（见第17页）。画面中，我尽量把黑色的盆栽植物处理得轻盈伸展，像一个舞者，在对

《记事2020之一》　橡胶版
5cm×5cm　2020

《记事2020之五》　橡胶版
5cm×5cm　2020

《文其藏书》　草图

面杂乱的老旧楼房和防盗窗的掩映下充满生命力。儿子出生一百天时，根据当时拍的照片设计了两款《唐唐》木口木刻藏书票，想以此留念。草图很快画好了，可一直没有动手刻，一拖就将近两年。在儿子两周岁生日前，终于将这两张小画赶制出来，就当是送给儿子的生日礼物，同时也送给妻子。那时的儿子刚刚会抬头，画面中，除了儿子的形象，还加上了书籍、油灯，以及他那时最喜欢的小玩具。儿子上学后，有一年寒假带儿子回北方老家，看到郊外路旁高大的曼陀罗早已干枯，只剩下光秃秃的枝干挂着炸裂开的果壳，儿子将一大枝扛在了肩上，站在北方寒冬萧瑟的土路上有一种说不出的感受。于是我根据当时画面刻了《Winter》（见第78页）。2020年初，疫情来了，每天通过网络关注疫情的发展和人们面对灾难来临的各种困苦和无奈，在焦虑的情绪中陆续刻了《记事2020》系列蓝色调的橡胶印章作品，也算是那段特殊时期的个人图像印记吧！

《顾建军之书》　草图

　　此外，我还喜欢将人文历史景观入画。无论是墓道石窟，还是古刹、山门，置身其中物是人非，常会有时光穿越的感觉，那种沧桑厚重感让人痴迷。《顾建军之书》画面中的风景取材于南京灵谷寺，手持打开书籍中的插图正是眼前的景物，也是一种按图索"迹"，这一刻，书本（历史）与现实相勾连。这一类型的书票还包括《石象路》（见第91页），《许结之书》（见第103页）以及

5.8×6.5cm

《青山一梦藏书》 草图

《文其藏书》等。

在藏书票的内容表现上，我喜欢追求一种或明或暗的冲突感。冲突感可以让平淡的画面变得生动有趣和引人遐想。《牵》（见第25页）表现了看书人既被狗牵引，同时被书摊上的书籍牵引，是一个戏剧化的矛盾瞬间。《坐隐图》是明万历三十七年（1609）刊《坐隐先生精订捷径奕谱》的卷首版画插图（明汪耕绘，黄应祖镌），内容描绘的是明末富商汪廷讷在坐隐园中与好友雅客们对弈的场景。藏书票作品《坐隐图》系列是向这组经典古版画的致敬之作。将《坐隐图》作为屏风置于阅读者的背景之中，期望在阅读中我们可以进入一种与古人相通的意境中，也是对于古代文人雅士生活的一种向往。在系列之一（见第46页）里面，坐隐图屏风这一古典生活意象和帐篷自行车这些现代生活意象成为一种冲突反差，而帐篷中人物的阅读行为使得我们可以进入一种与古人相通的意境中，所谓"诗意地栖居"。系列之二（见第47页）的冲突则表现在安静的读书人与天上的飞机，一个是阅读中的平静世界，一个是喧闹的现实世界。太湖石上的猫专注于水里的鱼则是另一隐藏的冲突。

委托创作是藏书票创作中非常独特的一种方式。藏书通常是个人化的行为，作为藏书票票主的个人性格喜好也是各式各样，需求不尽相同。因此，在接受委托定制书票的创作时，和票主的沟通交流是很重要的，特别是比较有个性化需求的票主，在满足他们的要求的同时，还要考虑画面表达的艺术性。这样一来，为完成创作，特别在草图阶段需要反复沟通修改。《青山一梦藏书》就是一款定制藏书票。票主通过网络和我取得联系，表示希望我能为他制作一款书票。进一步的沟通了解到票主对书票的主题内容有很具体的要求，算是限定性很强的命题创作。具体要求包括：一只叼着烟斗看书的睿智的兔子；带罩子的煤油灯以及布满书的书架。票主并没有说明为何选择这些内容。我按照手头一块五六厘米大小的木口轮廓设计了最初的草图。在这张草图里我想将兔子处理得比较绅士,由于票主提到了烟斗,那么兔子的服饰和所处的环境应该偏西方化。因此我让兔子穿上了衬衣马甲,并特意选择了一款经典好看的烟斗,书籍也是西方的传统样式。将画面定格为:兔绅士放下看了一半的书,靠在椅背悠然地吸着烟斗,陶醉在书的情节内容之中,思绪也随着一缕烟雾飘远,有一种深深的满足感。

  票主对草图提出了修改意见,并且很细致。他希望我将兔子的形象感觉(眼神、耳朵)修改一下,并希望在背景的书架上加一个相框,上面画着掠食它的黑豹。当时我很困惑票主为何会有这样的细节内容要求:他希望这是一只什么样的兔子?又为何要出现一只黑豹的形象呢?后来票主推荐我看一部名为《势不两立》(1997)的美国电影。看完这部电影我才明白票主为何如此执着于此。电影由安东尼·霍普金斯主演,故事包含了智慧、勇气、阴谋、背叛、宽恕等诸多元素。"兔子为什么不害怕?因为它比黑豹聪明"是影片里充满寓意的一句话,我想这也成为这位朋友选定书票内容的出发点。之前草图中兔子相对处理得比较可爱、诙谐、轻松,重新修改后我将兔子的耳朵拉长烟斗的造型也进行了调整,整体更舒展。把它的洋派的衬衣、马甲换成了更随意的托尔斯泰式的长袍。灯光映在脸上,青烟飘散、杂乱的书籍与手稿,试图把这只兔子塑造成有过故事的、睿智的隐士。票主也认可了修改后的草图。

  我觉得好的藏书票设计应该建立在尊重票主的个人喜好基础上。《书痴》这张作品画面是表现一个男子在堆满书籍的书房里席地而坐如醉如痴读书的场景。被书籍占满的沙发上还有一只静静陪伴的猫咪,似乎也在分享男子的阅读。一位在图书馆工作的朋友很喜欢这张书票的氛围,因此,为她设计的书票《暖》是延续了拥挤杂乱的书房场景,女主人则刻画成更加闲适的光脚躺在沙发里阅读的状态,绿植和咖啡杯突出了此刻的宁静与悠闲。女主人有一只可爱的小狗,特别希望能出现在画面中,我让它安静地趴在了沙发脚下,显然它不如那只猫对书籍感兴趣。在为藏书票研究者子安先生定制的

《书痴》 草图

《暖》 草图

《守望》 草图

《子安藏书》 草图

《土族》 草图

书票《子安藏书》中，开始的草图画面中除了被书籍和印刷品包围的票主在痴迷中安睡外，还有一只即将闯祸的不安分的猫，安睡者将被惊醒，从而形成一静一动的戏剧性冲突画面。后来得知子安先生不喜欢猫，也只得将猫去掉作罢。

在我的藏书票创作中还有一个有趣的类型，那就是新年贺卡藏书票。制作贺卡的习惯是读书时受我的老师高荣生先生的影响。他生前每年都会亲手设计制作贺卡和学生交换，也鼓励我们动手制作，但要求我们贺卡要做的有巧思。这也是我后来设计贺卡时一直对自己提出的要求。2013年，是农历蛇年，贺卡表现的是从废墟中爬出的一条小蛇，口吐祥瑞祝福新年，废墟中隐藏着"2012"字样，而2012年正是当年甚嚣尘上的"世界末日"年（见第20页）。2016年的猴年贺卡是希望朋友们像画中孙悟空一样抛掉一切凡俗的困扰和束缚，自由自在，一身轻（见第48页）。

藏书票的画面小，刻起来压力小，可以说是我版画创作的一块小试验田。在我十年的藏书票创作中，技法版种上主要为凸版，版材包括木刻版（梨木）、木口木刻（黄杨木）和麻胶版。这些作品所采用的语言技法也有比较大的差异，根据不同的主题内容我会尝试用不同的表现手法。有时借鉴中国传统线描造型方式，特别是涉及画面有传统元素的时候，有时候借鉴光影的明暗表现方法。无论哪种手法，具体雕刻的时候我都希望尽可能地保留木刻的"刀味儿"，线造型与黑白相结合，力求画面构图与疏密经得起推敲。此外，我还一度痴迷于灰层次的表达，希望在对灰层次的表现中做到有序而富于变化。在创作过程中，通常在草图阶段我会多花些时间，除了作品的立意构思多推敲外，在内容的细节描绘上也尽可能地翔实充分，如《土族》《守望》。这样在后面的刻制阶段就比较明确肯定，也会比较顺畅。

这本集子基本囊括了我十年百余张藏书票的创作。其中有用心满意的，也有遗憾之作，本着求全貌不藏拙，在此一并呈现给朋友们，谢谢！

目录

01	书影叠现的投影　黄显功		18	迁
03	我的藏书票创作　李小光		19	爆
			20	新年好2013
2	花猫		21	青山一梦藏书
3	网		22	守望
4	bird		23	豆丁
5	溢		24	谱
6	载		25	牵
7	方明藏书		26	远
8	卖		27	搬
9	食		28	诱
10	Read		29	车
11	淹		30	白鹿洞书院
12	寂		31	等闲识得东风面
13	摊		32	唐唐之一
14	理		33	唐唐之二
15	租		34	墙花之一
16	补书		35	墙花之二
17	窗		36	缕

37	Happy New Year		55	黎族
38	伏		56	东乡族
39	微风		57	撒拉族
40	石		58	母女
41	桃花		59	古平岗之一
42	上海图书馆		60	古平岗之二
43	碑		61	陈健读书
44	石之二		62	汗血宝马
45	伏之三		63	土耳其
46	坐隐图之一		64	雕
47	坐隐图之二		65	2017酉鸡快乐
48	2016一身轻		66	自刻像
49	石之三		67	上图东馆
50	书痴		68	桃花源记
51	翁氏藏书		69	文其藏书
52	子安藏书		70	市集
53	土族		71	录像厅
54	拉祜族		72	夜路

73	云冈石窟		91	石象路
74	秋思		92	阶
75	相之二		93	舟
76	相之六		94	雪夜读书
77	相之七		95	朝
78	Winter		96	适情雅趣
79	顾建军之书		97	鱼
80	蛙		98	路
81	布丁		99	暖
82	记事2020之二		100	岸
83	记事2020之三		101	三味书屋藏书
84	记事2020之四		102	听海
85	记事2020之六		103	许结之书
86	记事2020之七		104	尤利西斯
87	蝶		105	Dawn
88	湖		106	天泽书店
89	樱		107	李小光艺术简历
90	拙斋藏书		108	后记

「作品」

花猫

木刻 7.2cm×5.2cm 2008

网

木刻　7.5cm×14cm　2008

bird

木刻　4.5cm×12cm　2008

溢

木刻　4.5cm×12.2cm　2008

载

木刻　10cm×5.5cm　2011

方明藏书

木刻　5cm×11.5cm　2010

卖
木刻　10.7cm×6.5cm　2011

食

木刻　5.6cm×6.5cm　2011

Read
木刻　16.8cm × 3.5cm　2011

淹

木刻 6.2cm×9.2cm 2011

寂

木刻　10.6cm×7.5cm　2011

摊

木刻　7.5cm×8cm　2012

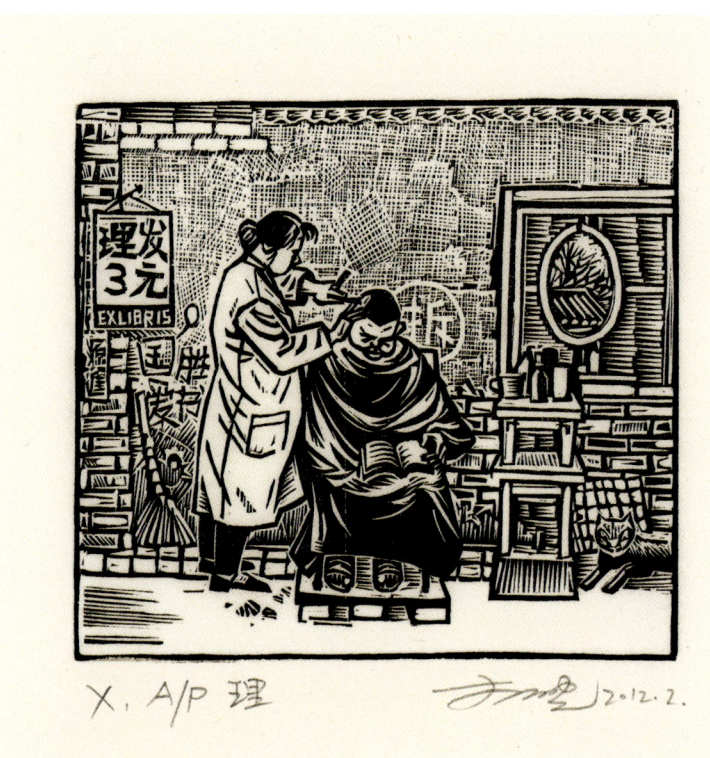

理

木刻　8.2cm×7.5cm　2012

租

木刻　8.7cm×7cm　2018

补书

木刻　8cm×7.5cm　2012

窗

木刻　7.3cm×8.5cm　2012

迁

木刻　5.8cm×7.5cm　2012

爆

木刻　7.8cm×7cm　2012

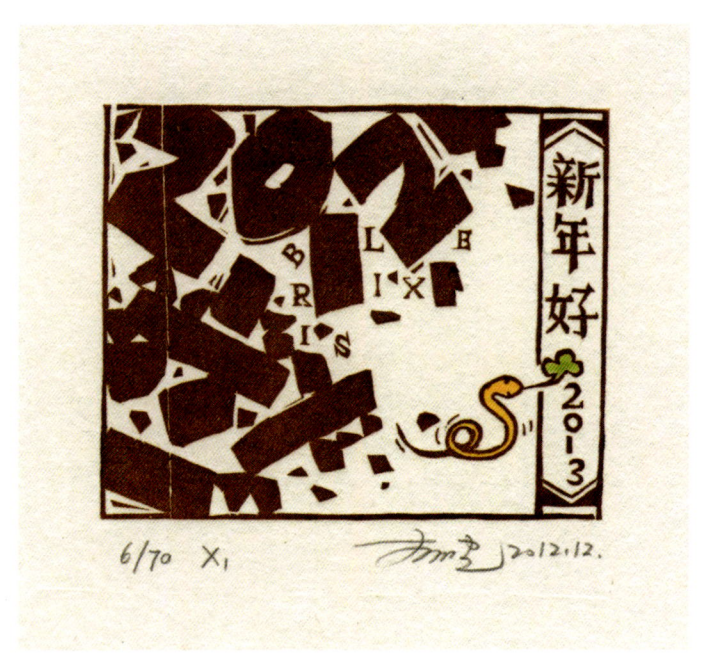

新年好2013

木刻　7cm×5.5cm　2012

青山一梦藏书
木口木刻　6cm×6.5cm　2012

守望

木口木刻　7.5cm×6cm　2012

豆丁

木口木刻 6.9cm×6cm 2012

谱

木刻　7cm×8cm　2013

牵
木刻　7.3cm×8cm　2013

远

木刻　7.3cm×8.3cm　2013

搬

木刻　7cm×8cm　2013

诱

木刻　7cm×8cm　2013

车

木刻　7cm×8cm　2013

白鹿洞书院

木刻　　7.5cm×7.5cm　　2013

等闲识得东风面

木刻　7.5cm×7.5cm　2013

唐唐之一
木口木刻　7.2cm×6.3cm　2014

唐唐之二

木口木刻　7.2cm×6.2cm　2014

墙花之一
木口木刻　5.7cm×6cm　2014

墙花之二

木口木刻 5.7cm×6cm 2014

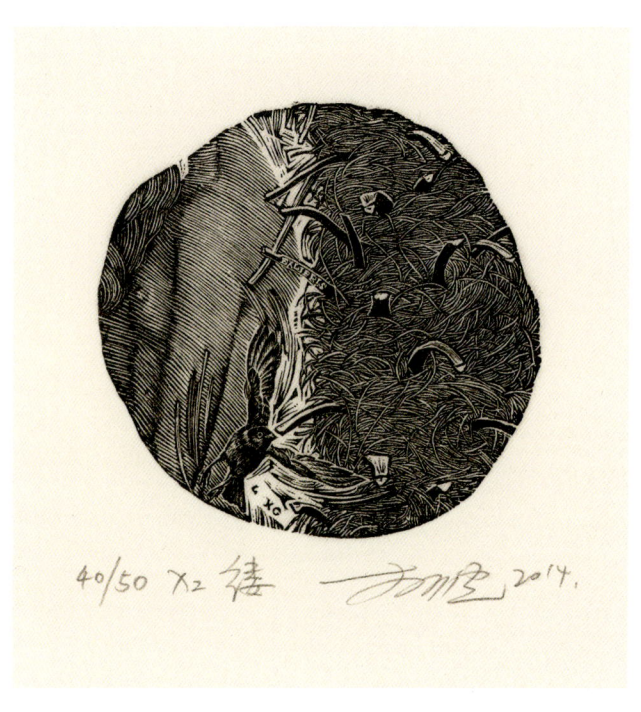

缕

木口木刻　5.7cm×6cm　2014

Happy New Year
木口木刻　　6.8cm×5.8cm　　2014

伏
木口木刻　4.2cm×3.9cm　2014

微风

木口木刻　9.3cm×6.3cm　2014

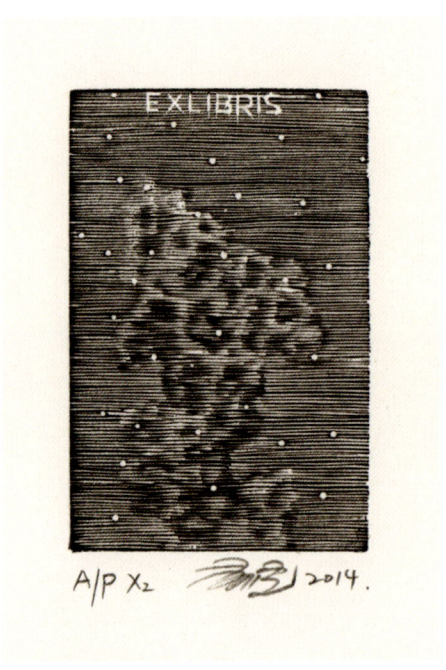

石
木口木刻　4.1cm×6cm　2014

桃花

木口木刻　9.5cm×7.5cm　2014

上海图书馆
木刻　6.7cm×7.8cm　2015

碑

木刻　6.8cm×6.8cm　2015

石之二

木口木刻　5.4cm×6.2cm　2015

伏之三

木口木刻　10.8cm×9.6cm　2015

坐隐图之一
木刻 8.8cm×5.2cm 2015

坐隐图之二

木刻　8.8cm×5.2cm　2015

2016一身轻

木刻　7cm×8.5cm　2015

石之三

木口木刻　13cm×8cm　2016

书痴

木口木刻　7cm×7.5cm　2016

翁氏藏书

木口木刻　7cm×7.5cm　2016

子安藏书

木刻 8.3cm×7.5cm 2016

土族

木刻　12cm×9.5cm　2016

拉祜族

木刻　12cm×9.5cm　2016

黎族

木刻　12cm×9.5cm　2016

东乡族

木刻　6.5cm×8.2cm　2016

撒拉族

木刻　6.5cm×8.2cm　2016

母女

木刻　6.8cm×8.2cm　2016

古平岗之一

木刻 13cm×8.1cm 2016

古平岗之二

木刻　8.5cm×14.2cm　2016

陈健读书
木刻　7.2cm×8cm　2017

汗血宝马

木刻　12cm×12.5cm　2017

土耳其

木刻　12cm×12.5cm　2017

雕

木刻　7cm×7.3cm　2017

2017酉鸡快乐

木刻　12cm×9.7cm　2017

自刻像

木刻　7.5cm×10.5cm　2017

上图东馆

木刻　10.4cm×8.3cm　2017

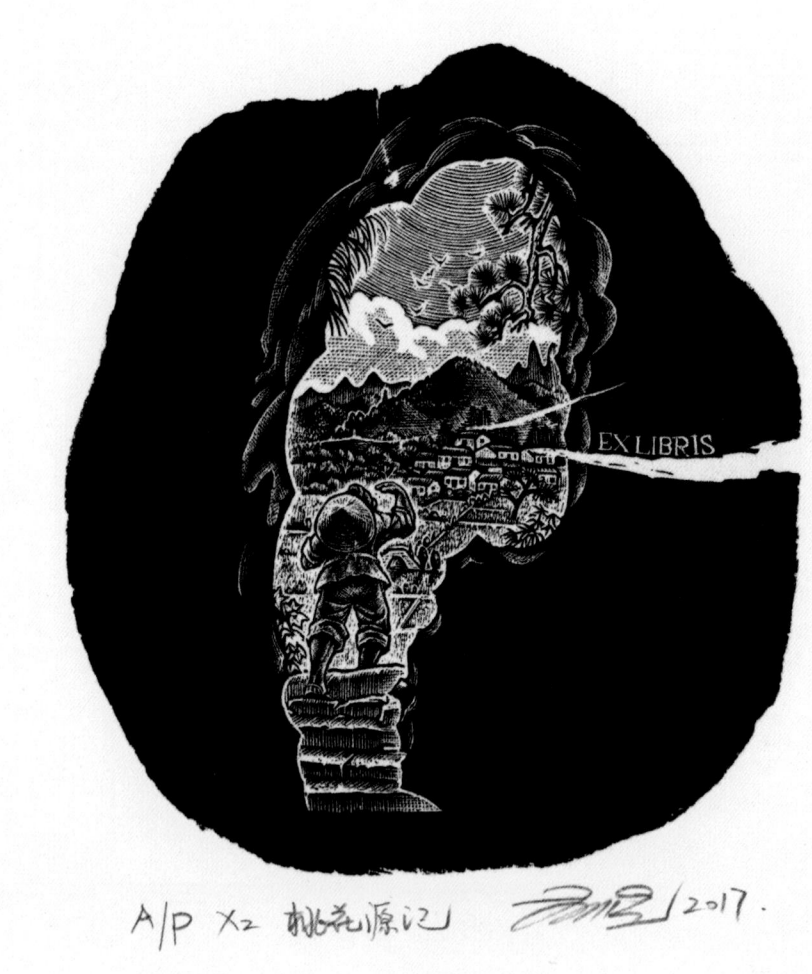

桃花源记

木口木刻　10.2cm×11cm　2017

文其藏书

木口木刻　6.8cm×6.5cm　2018

市集

木口木刻　8.5cm×8.5cm　2018

录像厅

木刻　10.4cm×7.5cm　2018

夜路
麻胶版　7.2cm×10.5cm　2019

云冈石窟

木刻　14cm×12.5cm　2019

秋思

木口木刻　7.8cm×7.8cm　2019

相之二

橡胶版　5cm×5cm　2019

相之六
橡胶版 5cm×5cm 2019

相之七

橡胶版　5cm×5cm　2019

Winter
麻胶版　8cm×8cm　2020

顾建军之书

麻胶版 9.5cm×12cm 2020

蛙
麻胶版　7.1cm×7.3cm　2020

布丁

麻胶版　7.5cm×7.5cm　2020

记事2020之二
橡胶版　5cm×5cm　2020

记事2020之三
橡胶版　5cm×5cm　2020

记事2020之四

橡胶版　5cm×5cm　2020

记事2020之六

橡胶版　5cm×5cm　2020

记事2020之七
橡胶版　5cm×5cm　2020

蝶

麻胶版　5.7cm×8cm　2021

湖

麻胶版　6.5cm×5cm　2021

樱
麻胶版 8cm×10cm 2021

拙斋藏书

麻胶版　7cm×10.5cm　2021

石象路

麻胶版 9.5cm×12cm 2021

阶

木口木刻　5.5cm×6cm　2021

舟
麻胶版　7.8cm×9.5cm　2021

雪夜读书

麻胶版　7.3cm×8.2cm　2021

朝
木口木刻　6.1cm×5.5cm　2021

适情雅趣
木口木刻　5.7cm×6cm　2021

鱼

麻胶版　7.5cm×8cm　2021

路

麻胶版　7.5cm×7.5cm　2021

暖

麻胶版　9.2cm×7.1cm　2021

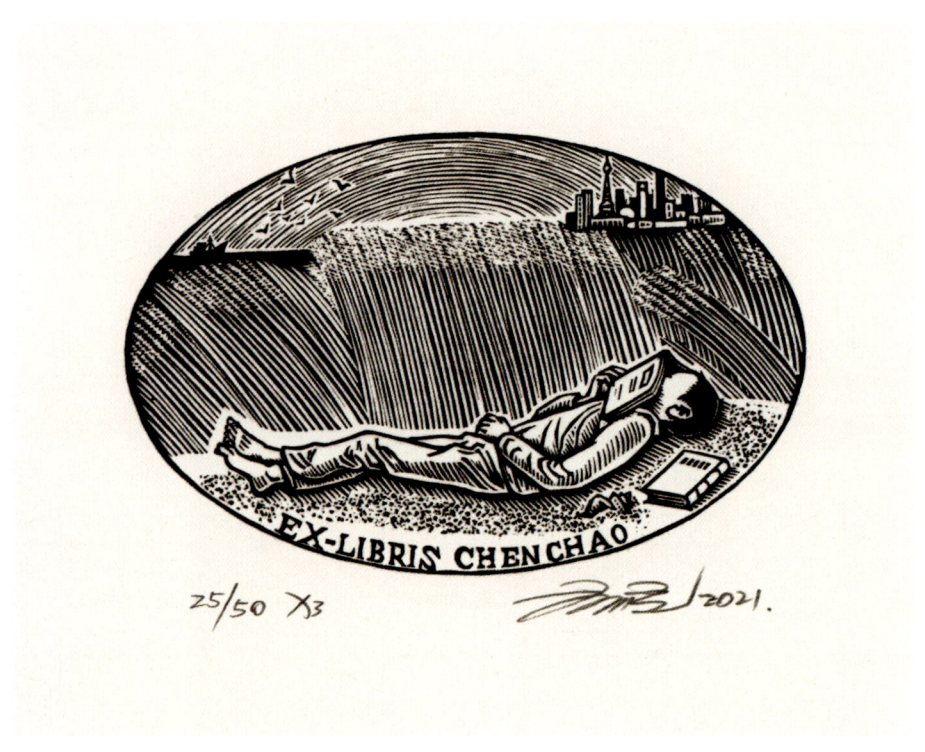

岸

麻胶版　9.3cm×5.9cm　2021

三味书屋藏书
木口木刻　5.9cm×7cm　2022

听海

木口木刻　5.5cm×6cm　2022

许结之书
麻胶版　9.5cm×12cm　2022

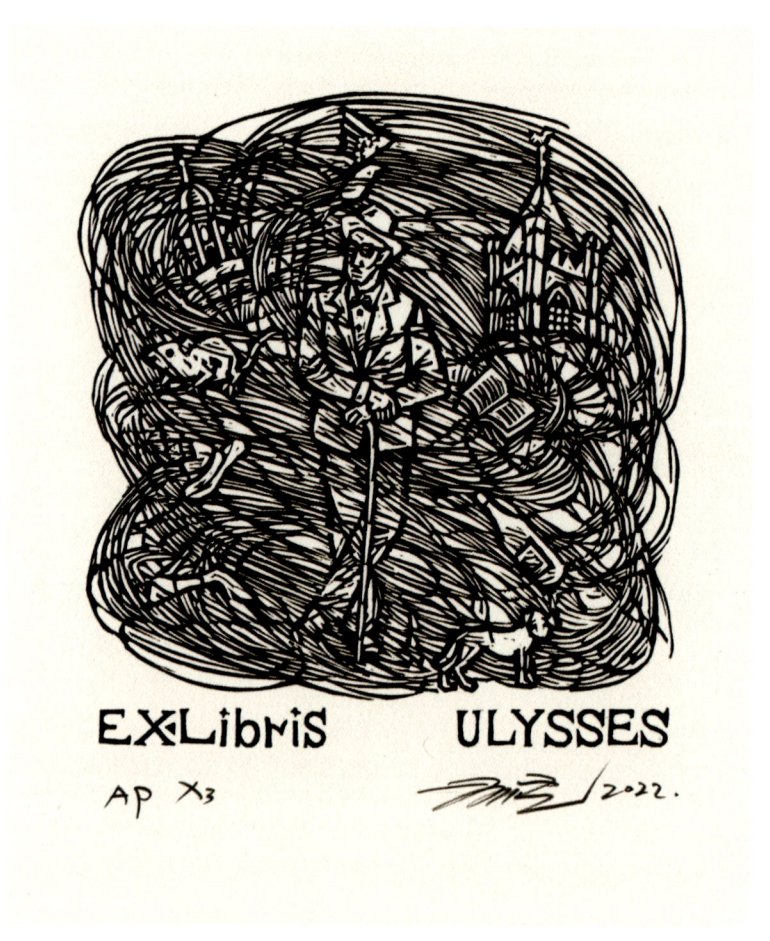

尤利西斯
麻胶版　8.5cm×8.5cm　2022

Dawn
麻胶版　7.5cm×9.7cm　2022

天泽书店
木口木刻　7.5cm×7.2cm　2023

李小光艺术简历

李小光，河北唐山人，1975年生于天津蓟县。
现为南京艺术学院副教授，中国美术家协会会员、插图装帧艺委会委员。
2009年，研究生毕业于中央美术学院版画系，获硕士学位。
1999年，毕业于河北师范大学美术系，获学士学位。
作品收藏于中国美术馆、中央美术学院、靳尚谊艺术基金会、观澜版画博物馆、江苏省美术馆、浙江省美术馆、贵州省美术馆、宁夏美术馆武汉美术馆、江西省美术馆、深圳画院、广州美院美术馆、上海图书馆、武汉美术馆、金陵美术馆、莞城美术馆、美仑美术馆、广州美林美术馆等。

获奖： 十一届全国美展金奖；
十二届全国美展优秀奖；
2013观澜国际版画奖；
2012第二届广州国际藏书票暨小版画双年展最佳藏书票奖；
第十四至十七届全国藏书票暨小版画艺术展最佳藏书票奖；
第二、三届全国青年藏书票暨小版画艺术展最佳藏书票奖；
第三十四届陈伯吹国际儿童文学奖最佳绘本奖；
首届江苏美术奖；
首届江苏省青年美展银奖。

后记

　　这本藏书票作品集即将要出版了。此时，我更加怀念我的导师高荣生先生。高老师为人为艺对我影响至深。在我的版画和藏书票创作中，从创作思维到表现语言，高老师都对我有很大的影响。即便毕业后每每创作中有所进展，我都会和高老师进行汇报交流，高老师则给予我很多的建议和鼓励。虽然高老师已经离去三年了，但恩师情永难忘。

　　需要特别说明的是，好几位师长在藏书票的创作方面都曾给予我很多帮助和指导。记得首次参加全国藏书票展并获奖后，郑星球老师特地打来电话热情地鼓励，使我有了进一步创作的信心。郑老师持续关心我的创作，介绍我参与多个藏书票创作项目，开阔了视野。第二届广州国际藏书票展我的三张作品获得了最佳藏书票奖，作为评委的陈雅丹老师在报纸的专栏中专门写文章介绍了我的作品，彼时我与陈老师还并未相识，但陈老师对我不吝溢美之词，令我深受感动，陈老师对艺术的纯真与热情一直深深感染着我。倪建明老师在藏书票的创作方面曾给予我很多指导和建议，记得首次见面就是专程约我谈藏书票的创作问题。如今满头白发仍然对工作对艺术充满热情，是后学的榜样。周一清老师、杨春华老师是我非常尊敬的两位师长。他们为人谦和，关心后辈，对我的藏书票和小版画创作很是鼓励。前年冬天，我的藏书票小展不期赶上南京罕见的低温，杨老师和周老师在大冷天专程赶到现场观看，我一直心存感念。黄显功老师很早就关注了我的作品，在创作上给予我很多的肯定，并热情推荐我为上海图书馆设计制作了多款藏书票。前年夏天还和陈超馆长一行专门到访我的工作室，并且力促了这本藏书票作品集的出版，还为这本集子专门撰写了序言。在此，我要向黄老师表示特别的感谢！

　　同时还要感谢上海书画出版社的副总编辑王剑老师、编辑陈元棪老师，没有你们的付出就不会有这本作品集的出版，谢谢！

2023年1月于南京

图书在版编目(CIP)数据

书啊书：藏书票创作集/李小光著. — 上海：上海书画出版社，2023.5
ISBN 978-7-5479-3072-4

Ⅰ.①书… Ⅱ.①李… Ⅲ.①藏书票—中国—图集 Ⅳ.①G262.2-64

中国国家版本馆CIP数据核字（2023）第087865号

书啊书——藏书票创作集

李小光 著

责任编辑	陈元棪　黄坤峰
审　　读	王　剑
封面设计	陈绿竞
技术编辑	包赛明
出版发行	上海世纪出版集团 ◉上海书画出版社
地址	上海市闵行区号景路159弄A座4楼
邮政编码	201101
网址	www.shshuhua.com
E-mail	shcpph@163.com
制版	上海久段文化发展有限公司
印刷	浙江海虹彩色印务有限公司
经销	各地新华书店
开本	889×1194　1/20
印张	6.4
版次	2023年8月第1版　2023年8月第1次印刷
书号	ISBN 978-7-5479-3072-4
定价	158.00元

若有印刷、装订质量问题，请与承印厂联系